Impressum
Verlag: BABADADA GmbH, Nedderfeld 112 , 22529 Hamburg
Geschäftsführer / Verlagsleitung: Harald Hof
Druck: Books on Demand GmbH, In de Tarpen 42, 22848 Norderstedt

Imprint
Publisher: BABADADA GmbH, Nedderfeld 112 , 22529 Hamburg, Germany
Managing Director / Publishing direction: Harald Hof
Print: Books on Demand GmbH, In de Tarpen 42, 22848 Norderstedt

koulu
مدرسه

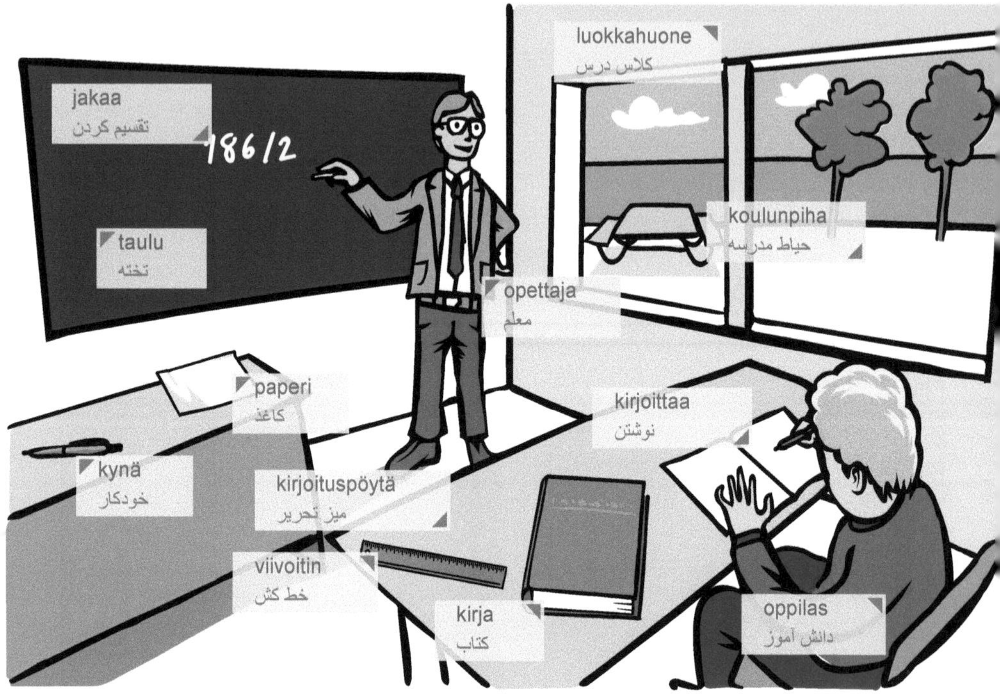
luokkahuone
کلاس درس
jakaa
تقسیم کردن
186/2
taulu
تخته
koulunpiha
حیاط مدرسه
opettaja
معلم
paperi
کاغذ
kirjoittaa
نوشتن
kynä
خودکار
kirjoituspöytä
میز تحریر
viivoitin
خط کش
kirja
کتاب
oppilas
دانش آموز

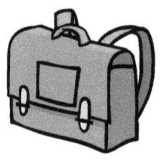

reppu

کیف مدرسه

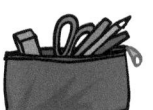

penaali

جامدادی

lyijykynä

مداد

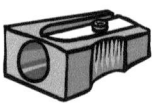

kynänteroitin

تراش

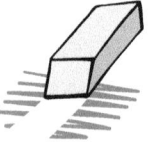

pyyhekumi

پاک کن

piirustuslehtiö

دفتر رسم

piirustus

طراحی

pensseli

قلم مو

vesivärit

جعبه ی آبرنگ

sakset

قیچی

liima

چسب

harjoituskirja

کتاب تمرین

kotitehtävä

تکلیف خانه

luku

رقم

lisätä

جمع کردن

vähentää

تفریق کردن

kertoa

ضرب کردن

laskea

محاسبه کردن

kirjain

حرف الفبا

aakkoset

الفبا

sana

کلمه

teksti

متن

lukea

خواندن

liitu

گچ

oppitunti

درس

opettajan muistikirja

ثبت نام

koe

امتحان

todistus

مدرک رسمی

koulupuku

لباس مدرسه

koulutus

تحصیلات

sanakirja

دانشنامه

yliopisto

دانشگاه

mikroskooppi

میکروسکوپ

kartta

نقشه

roskakori

سبد کاغذ باطله

matka

سفر

hotelli
هتل
Grand
retkeilymaja
مسافرخانه
ROOMS
EXCHANGE
rahanvaihto
صرافی
matkalaukku
چمدان
auto
اتومبیل

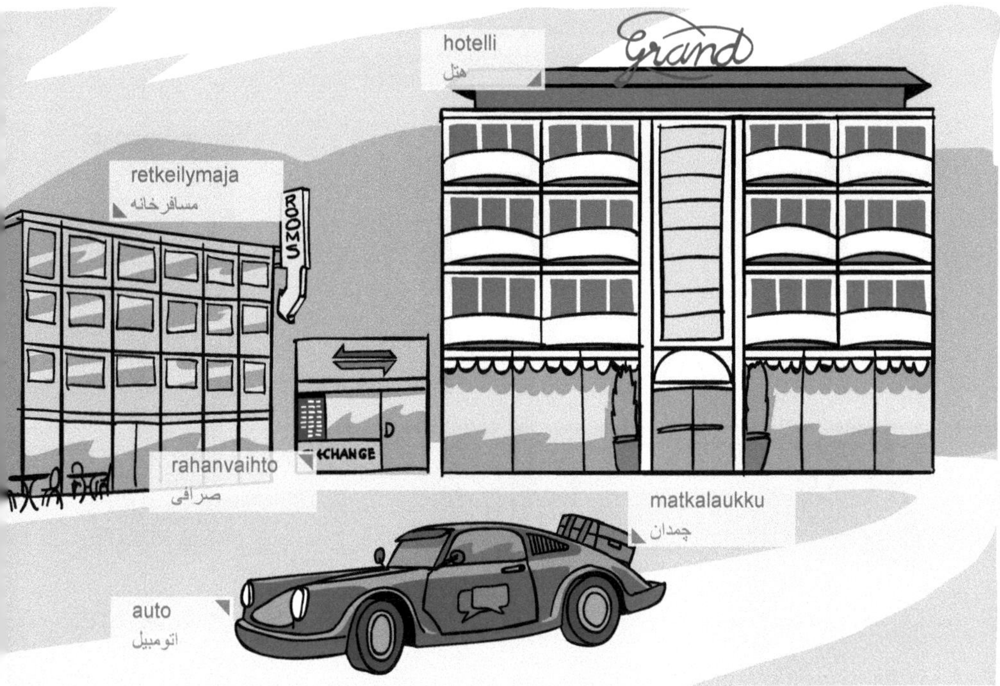

kieli

زبان

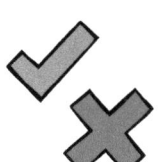

kyllä / ei

بله / خیر

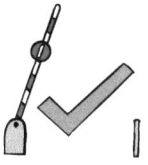

selvä

اُکی

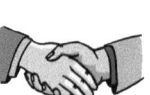

hei

سلام

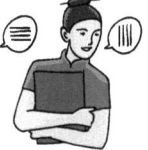

tulkki

مترجم

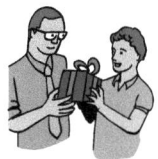

kiitos

ممنون

Paljonko...maksaa?

قیمت ... چه قدر است؟

en ymmärrä

من متوجه نمی شوم

ongelma

مشکل

Hyvää iltaa!

عصر بخیر! / شب بخیر!

Hyvää huomenta!

صبح بخیر!

Hyvää yötä!

شب بخیر!

näkemiin

خداتگهدار

suunta

جهت

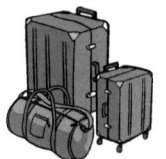

matkatavarat

بار سفر

laukku

کیف

reppu

کوله پشتی

vieras

مهمان

huone

اتاق

makuupussi

کیسه خواب

teltta

خیمه

turisti-info

مرکز راهنمای گردشگران

ranta

ساحل

luottokortti

کارت اعتباری

aamupala

صبحانه

lounas

نهار

päivällinen

شام

matkalippu

بلیط

hissi

آسانسور

postimerkki

مهر

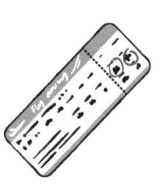

raja

مرز

tulli

گمرک

suurlähetystö

سفارتخانه

viisumi

ویزا

passi

گذرنامه

kuljetus
حمل و نقل

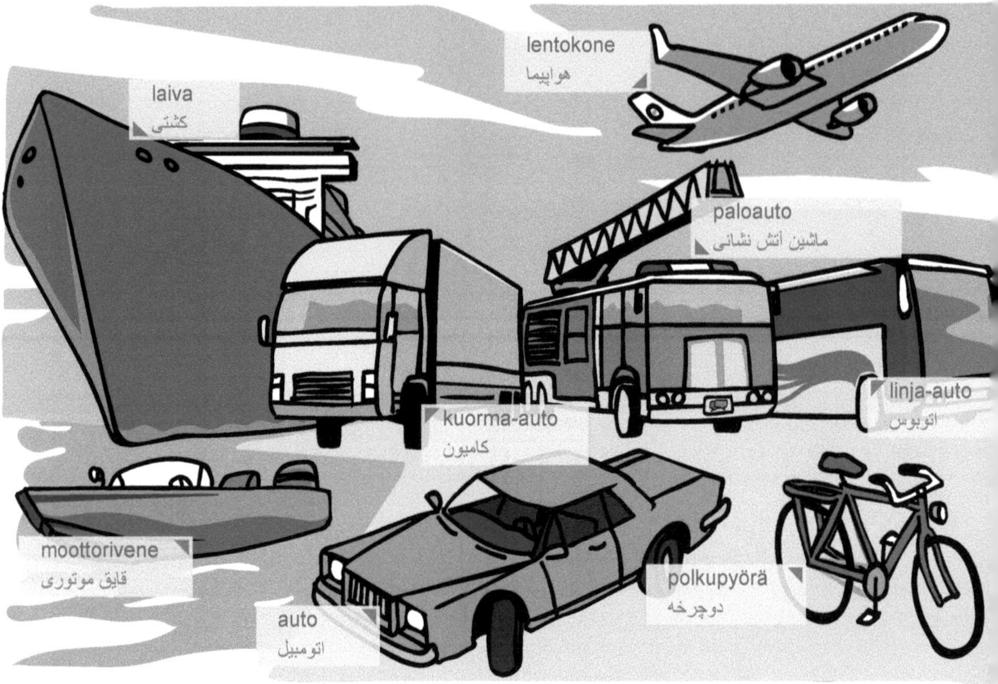
lentokone
هواپیما
laiva
کشتی
paloauto
ماشین آتش نشانی
kuorma-auto
کامیون
linja-auto
اتوبوس
moottorivene
قایق موتوری
polkupyörä
دوچرخه
auto
اتومبیل

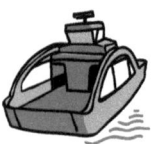

lautta
کشتی مسافربری

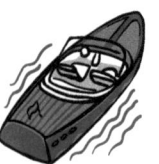

vene
قایق

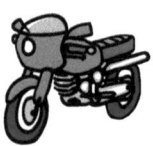

moottoripyörä
موتورسیکلت

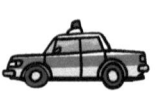

poliisiauto
ماشین پلیس

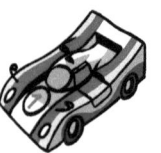

kilpa-auto
ماشین مسابقه

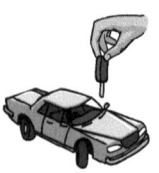

vuokra-auto
ماشین کرایه ای

car sharing

به اشتراک گذاری اتوموبیل

hinausauto

جرثقیل

roska-auto

ماشین حمل زباله

moottori

موتور

polttoaine

بنزین

huoltoasema

پمپ بنزین

liikennemerkki

تابلو راهنمایی و رانندگی

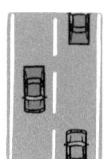

liikenne

عبور و مرور

ruuhka

ترافیک

parkkipaikka

پارکینگ

rautatieasema

ایستگاه قطار

raiteet

ریل راه آهن

juna

قطار

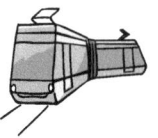

raitiovaunu

قطار برقی

vaunu

واگن

helikopteri

هلیکوپتر

lentokenttä

فرودگاه

lähilennonjohto

برج

matkustaja

مسافر

kontti

کانتینر

pahvilaatikko

کارتن

kärryt

گاری

kori

سبد

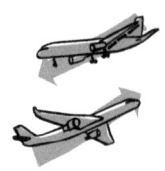

nousta / laskea

به پرواز درآمدن / فرود آمدن

kaupunki

شهر

kylä

دهکده

keskusta

مرکز شهر

talo

خانه

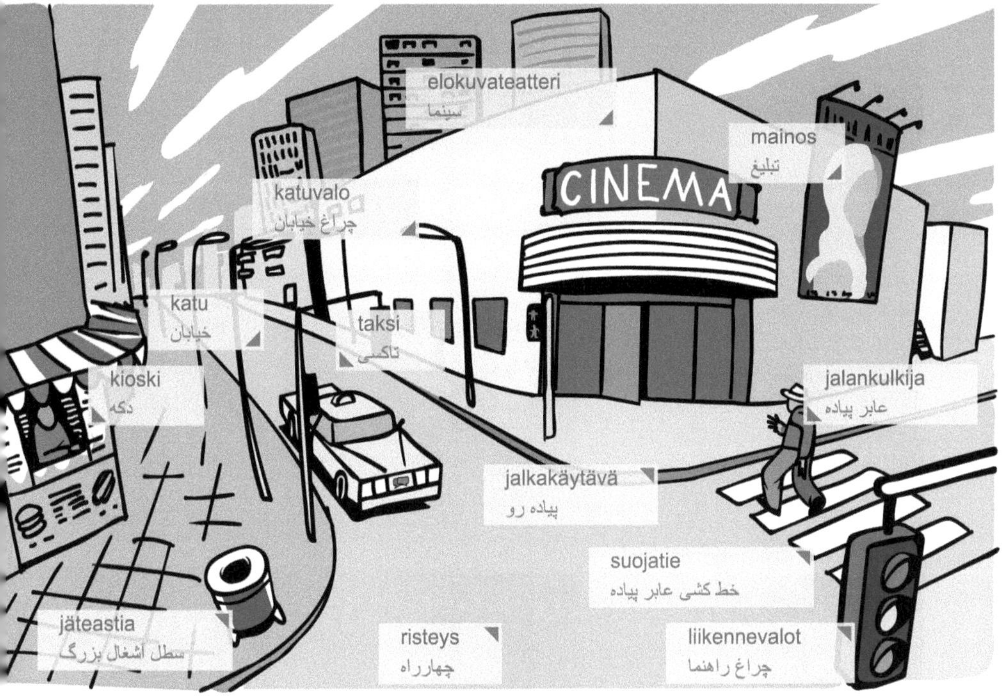

elokuvateatteri
سینما
CINEMA
mainos
تبلیغ
katuvalo
چراغ خیابان
katu
خیابان
taksi
تاکسی
kioski
دکه
jalankulkija
عابر پیاده
jalkakäytävä
پیاده رو
suojatie
خط کشی عابر پیاده
jäteastia
سطل آشغال بزرگ
risteys
چهارراه
liikennevalot
چراغ راهنما

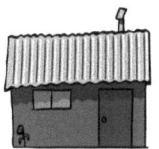

mökki

کلبه

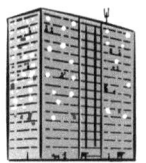

kerrostalo

آپارتمان

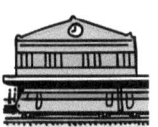

rautatieasema

ایستگاه قطار

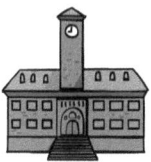

kaupungintalo

ساختمان شهرداری

MUSEUM

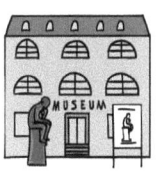

museo

موزه

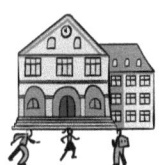

koulu

مدرسه

yliopisto

دانشگاه

pankki

بانک

sairaala

بیمارستان

hotelli

هتل

apteekki

داروخانه

toimisto

اداره

kirjakauppa

کتابفروشی

liike

مغازه

kukkakauppa

گل فروشی

supermarketti

سوپرمارکت

tori

بازار

tavaratalo

فروشگاه بزرگ

kalakauppias

ماهی فروش

ostoskeskus

مرکز خرید

satama

بندر

puisto

پارک

penkki

نیمکت

silta

پل

portaat

پله

metro

مترو

tunneli

تونل

linja-autopysäkki

ایستگاه اتوبوس

baari

میخانه

ravintola

رستوران

postilaatikko

صندوق پست

katukyltti

تابلوی خیابان

parkkimittari

دستگاه پارکومتر

eläintarha

باغ وحش

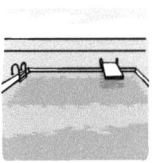

uimala

استخر شنای عمومی

moskeija

مسجد

maatila

مزرعه

ympäristön saastuminen

آلودگی محیط زیست

hautausmaa

قبرستان

kirkko

کلیسا

leikkikenttä

زمین بازی

temppeli

معبد

maisema

چشم انداز

lehti
برگ

tienviitta
تابلوی راهنمای مسیر

tie
راه

niitty
چمنزار

kivi
سنگ

puu
درخت

retkeilijä
راه نورد

joki
رودخانه

ruoho
چمن

kukka
گل

laakso

دره

vuori

تپه

järvi

دریاچه

metsä

جنگل

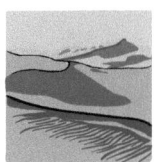

aavikko

بیابان

tulivuori

کوه آتشفشان

linna

قلعه

sateenkaari

رنگین کمان

sieni

قارچ

palmu

درخت نخل

hyttynen

پشه

kärpänen

مگس

muurahainen

مورچه

mehiläinen

زنبور

hämähäkki

عنکبوت

kovakuoriainen

سوسک

sammakko

قورباغه

orava

سنجاب

siili

جوجه تیغی

jänis

خرگوش صحرایی

pöllö

جغد

lintu

پرنده

joutsen

قو

villisika

گراز

peura

گوزن نر

hirvi

گوزن شمالی

pato

سد آب

tuulimylly

توربین بادی

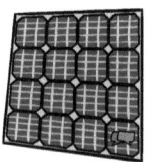

aurinkopaneeli

صفحه ی خورشیدی

ilmasto

آب و هوا

ravintola
رستوران

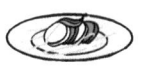

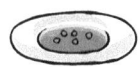

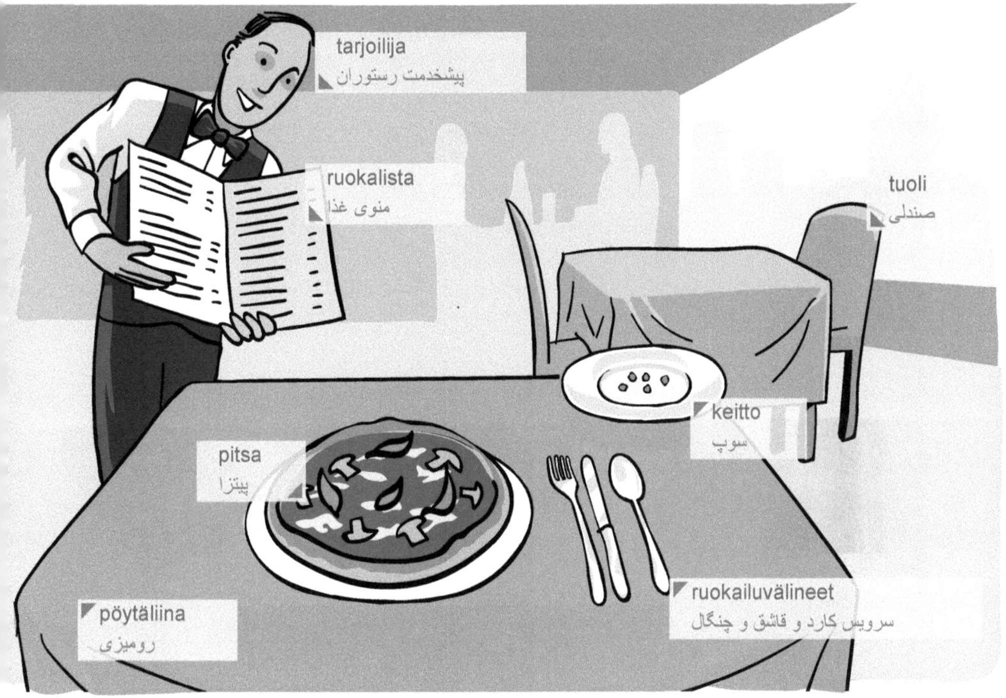
tarjoilija
پیشخدمت رستوران
ruokalista
منوی غذا
tuoli
صندلی
keitto
سوپ
pitsa
پیتزا
pöytäliina
رومیزی
ruokailuvälineet
سرویس کارد و قاشق و چنگال

alkuruoka
پیش‌غذا

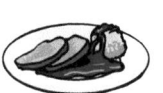

pääruoka
غذای اصلی

jälkiruoka
دسر

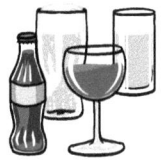

juomat
نوشیدنی ها

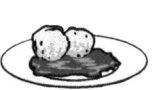

ruoka
غذا

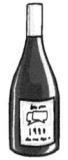

pullo
بطری

pikaruoka

فست فود

katuruoka

اغذیه خیابانی

teekannu

قوری

sokeriastia

قندان

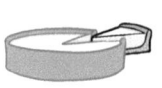

annos

پُرس غذا

espressokeitin

دستگاه اسپرسو

syöttötuoli

صندلی پایه بلند غذاخوری بچه

lasku

صورتحساب

tarjotin

سینی

veitsi

چاقو

haarukka

چنگال

lusikka

قاشق

teelusikka

قاشق چایخوری

servietti

دستمال سفره

lasi

لیوان

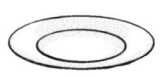

lautanen

بشقاب

syvä lautanen

بشقاب سوپخوری

aluslautanen

نعلبکی

kastike

سس

suolasirotin

نمکدان

pippurimylly

فلفل ساب

etikka

سرکه

öljy

روغن خوراکی

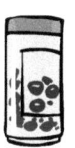

mausteet

ادویه جات

ketsuppi

سس کچاپ

sinappi

سس خردل

majoneesi

سس مایونز

supermarketti

سوپرمارکت

tarjous
پیشنهاد ویژه
FOR
asiakas
مشتری
maitotuotteet
لبنیات
hedelmät
میوه جات
ostoskärryt
چرخ دستی خرید

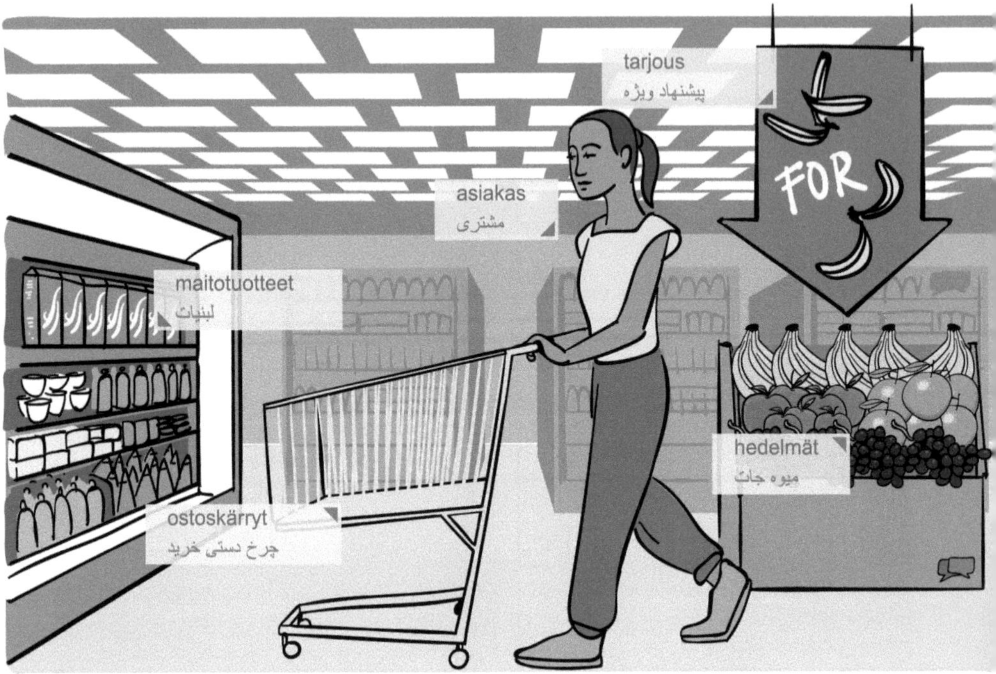

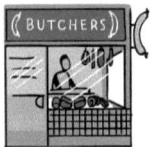

BUTCHERS

teurastamo

قصابی

BAKERY

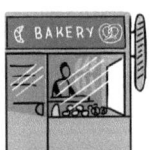

leipomo

نانوایی

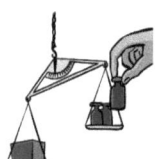

punnita

وزن کردن

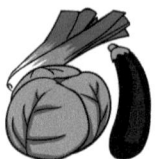

kasvikset

سبزیجات

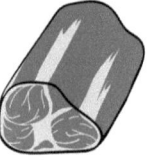

liha

گوشت

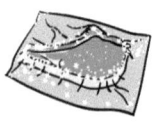

pakasteet

غذای منجمد

leikkele

مخلوطی از انواع کالباس یا پنیر ک
ورقه ای بریده شده باشند

säilykkeet

غذای کنسروی

pesujauhe

پودر لباسشویی

makeiset

شیرینی جات

kotitaloustarvikkeet

لوازم خانگی

puhdistusaineet

ماده شوینده و پاک کننده

myyjä

فروشنده

kassa

صندوق پرداخت
.

kassanhoitaja

صندوقدار

ostoslista

لیست خرید

aukioloajat

ساعات کار

lompakko

کیف پول

luottokortti

کارت اعتباری

kassi

کیف

muovipussi

کیسه ی پلاستیکی

vesi

آب

mehu

آبمیوه

maito

شیر

kokis

نوشابه کوکاکولا

viini

شراب

olut

آبجو

alkoholi

الکل

kaakao

کاکائو

tee

چای

kahvi

قهوه

espresso

قهوه اسپرسو

cappuccino

کاپوچینو

banaani

موز

omena

سیب

appelsiini

پرتقال

meloni

انواع هندوانه و خربزه

sitruuna

لیمو

porkkana

هویج

valkosipuli

سیر

bambu

نی بامبو

sipuli

پیاز

sieni

قارچ

pähkinät

آجیل

spagetti

ماکارونی

spagetti

اسپاگتی

riisi

برنج

salaatti

سالاد

ranskalaiset

سیب زمینی سرخ کرده

paistetut perunat

سیب زمینی سرخ شده

pitsa

پیتزا

hampurilainen

همبرگر

voileipä

ساندویچ

leike

شنیتسل

kinkku

ژامبون خوک

salami

سالامی

makkara

سوسیس

kana

مرغ

paisti

نوعی گوشت سرخ شده

kala

ماهی

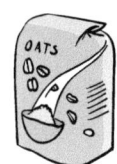

kaurahiutaleet

جوی پرک شده

mysli

نوعی صبحانه مخلوطی از برگه ذرت و
میوه های خشک شده و خشکبار که
معمولا با شیر خورده می شود

murot

کورن‌فلکس

jauho

آرد

voisarvi

کرواسان

sämpylä

نان بروتشن

leipä

نان

paahtoleipä

نان تست

keksit

بیسکویت

voi

کره

rahka

کشک

kakku

کیک

kananmuna

تخم مرغ

paistettu kananmuna

تخم مرغ نیمرو

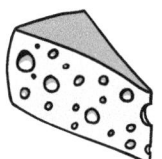

juusto

پنیر

jäätelö

بستنی

sokeri

شکر

hunaja

عسل

hillo

مربا

suklaapähkinälevite

کرم شکلاتی بادامی

curry

ادویه کاری

maatila
مزرعه

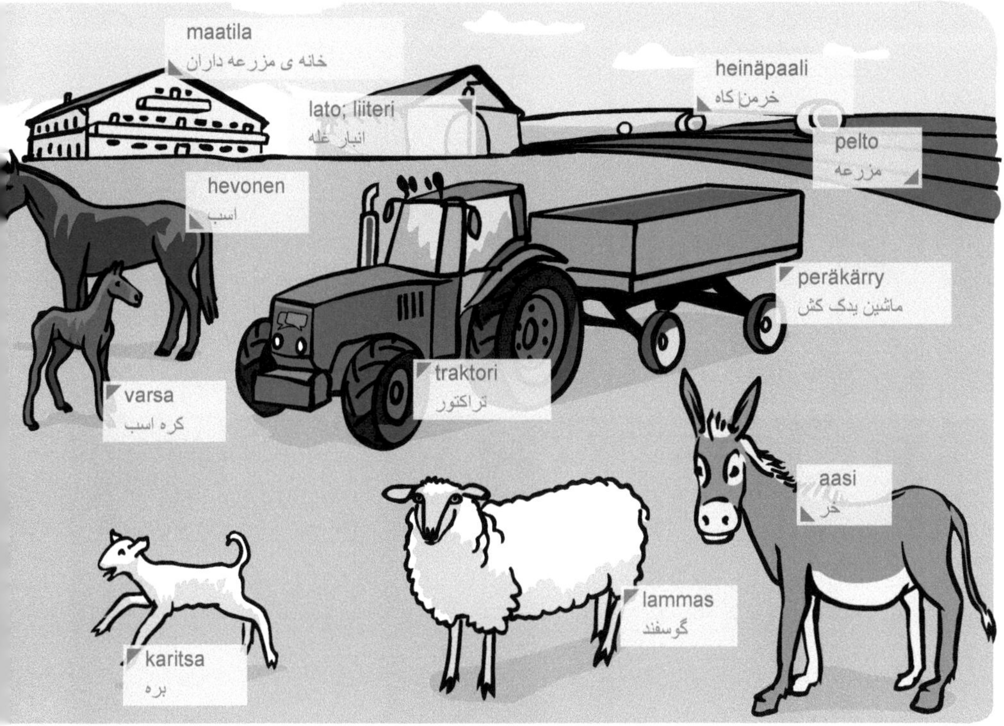
maatila
خانه ی مزرعه داران
lato; liiteri
انبار غله
heinäpaali
خرمن گاه
pelto
مزرعه
hevonen
اسب
peräkärry
ماشین یدک کش
traktori
تراکتور
varsa
کره اسب
aasi
خر
lammas
گوسفند
karitsa
بره

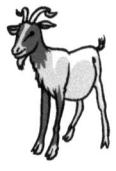

vuohi
بز

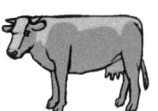

lehmä
گاو ماده

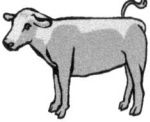

vasikka
گوساله

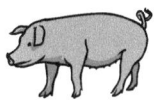

sika
خوک

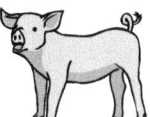

porsas
بچه خوک

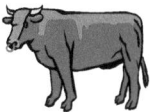

sonni
گاو نر

hanhi

غاز

ankka

اردک

tipu

جوجه

kana

مرغ

kukko

خروس

rotta

موش صحرایی

kissa

گربه

hiiri

موش

härkä

گاو نر اخته

koira

سگ

koirankoppi

لانه ی سگ

puutarhaletku

شلنگ باغبانی

kastelukannu

آبپاش

viikate

داس دسته بلند

aura

گاو آهن

sirppi

داس

kuokka

کج بیل

talikko

چنگک باغبانی

kirves

تبر

kottikärryt

فرقون

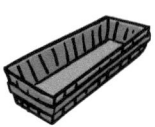

kaukalo

آبشخور

maitokannu

بطری نگهداری شیر

säkki

کیسه

aita

حصار

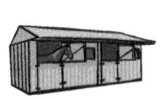

talli

اصطبل

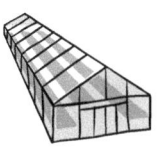

kasvihuone

گلخانه

maa

خاک

siemen

بذر

lannoite

کود

leikkuupuimuri

ماشین کمباین

kerätä sato

برداشت کردن محصول

sato

محصول

jamssit

تمیس

vehnä

گندم

soija

سویا

peruna

سیب زمینی

maissi

ذرت

rypsi

کلزا

hedelmäpuu

درخت میوه

maniokki

گیاه مانیوک

vilja

غلات

talo

خانه

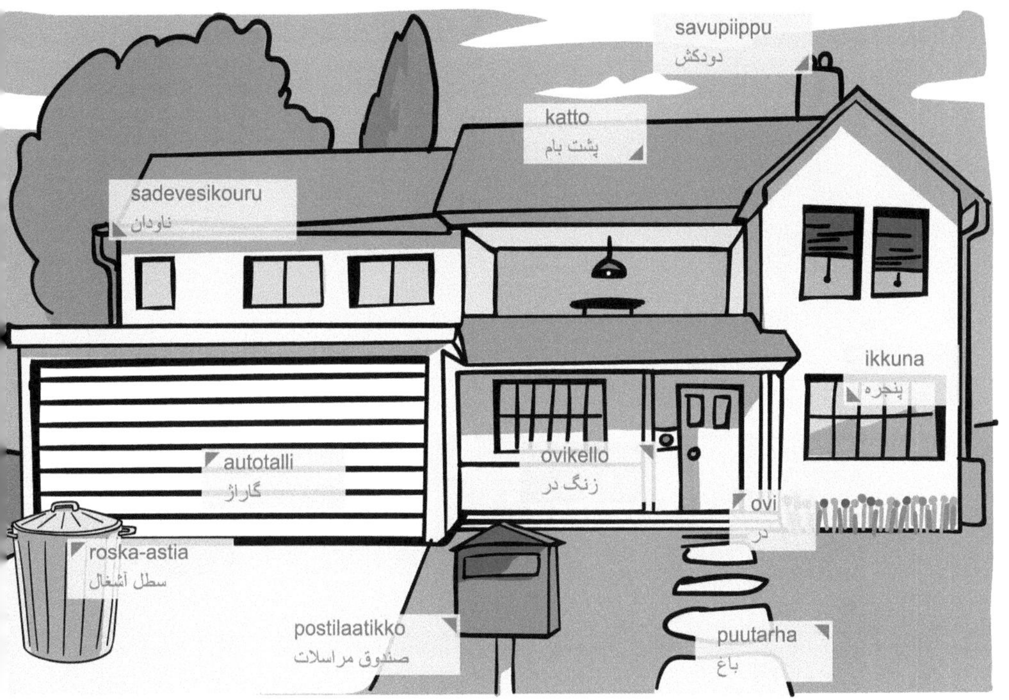

savupiippu
دودکش
katto
پشت بام
sadevesikouru
ناودان
ikkuna
پنجره
autotalli
گاراژ
ovikello
زنگ در
ovi
در
roska-astia
سطل آشغال
postilaatikko
صندوق مراسلات
puutarha
باغ

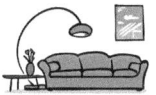

olohuone

اتاق نشیمن

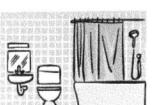

kylpyhuone

حمام

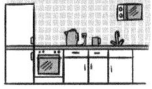

keittiö

آشپزخانه

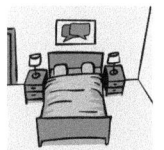

makuuhuone

اتاق خواب

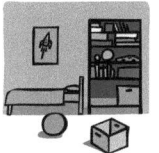

lastenhuone

اتاق بچه

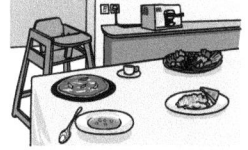

ruokahuone

ناهارخوری

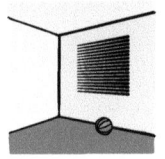

lattia

كف زمين

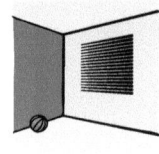

seinä

ديوار

katto

سقف

kellari

زيرزمين

sauna

سونا

parveke

بالكن

terassi

تراس

uima-allas

استخر

ruohonleikkuri

ماشين چمنزنى

lakana

ملافه

päiväpeitto

روتختى

sänky

تخت خواب

harja

جارو

ämpäri

سطل

katkaisin

سويچ يا كليد

olohuone

اتاق نشیمن

tapetti
کاغذ دیواری
kuva
عکس
lamppu
لامپ
hylly
قفسه
kaappi
کابینت
televisio
تلویزیون
takka
شومینه
kukka
گل
tyyny
کوسن
sohva
کاناپه
maljakko
گلدان
kaukosäädin
کنترل تلویزیون و ویدئو و غیره

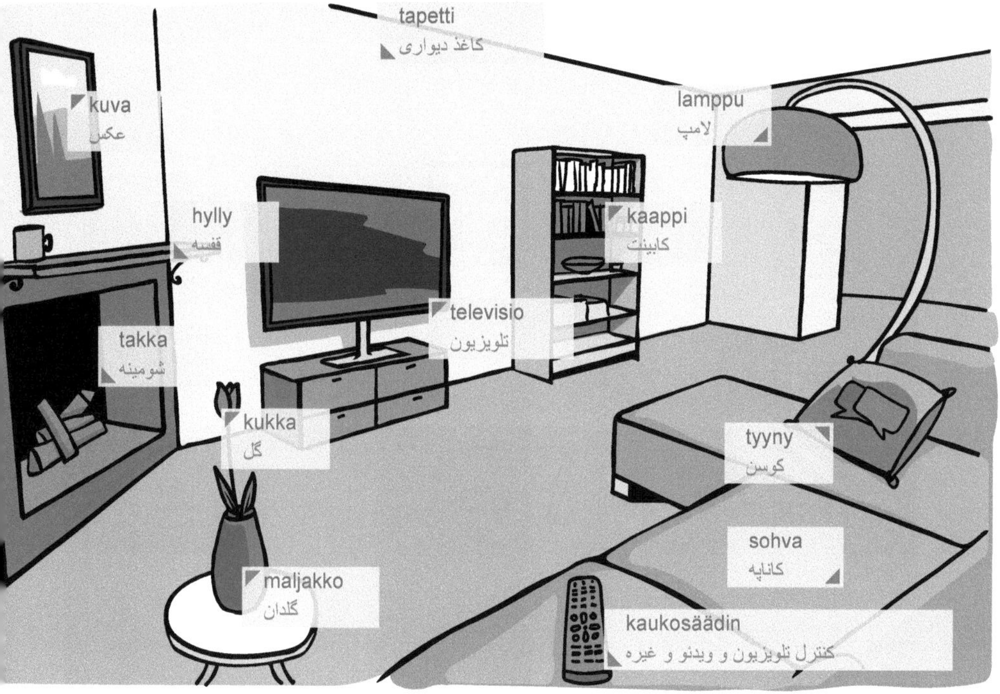

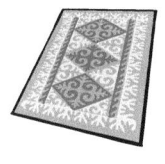

matto

فرش

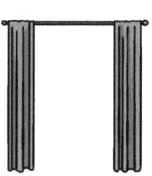

verho

پرده

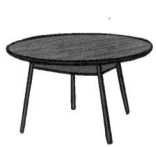

pöytä

میز

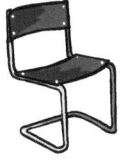

tuoli

صندلی

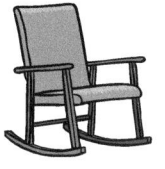

keinutuoli

صندلی گهواره ایی

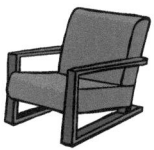

nojatuoli

صندلی راحتی

kirja

كتاب

peitto

لحاف

koriste

دكوراسيون

polttopuut

هيزم

elokuva

فيلم

stereot

دستگاه ضبط صوت

avain

كليد

sanomalehti

روزنامه

maalaus

تابلو نقاشی

juliste

پوستر

radio

راديو

muistivihko

دفترچه يادداشت

pölynimuri

جاروبرقی

kaktus

كاكتوس

kynttilä

شمع

keittiö
آشپزخانه

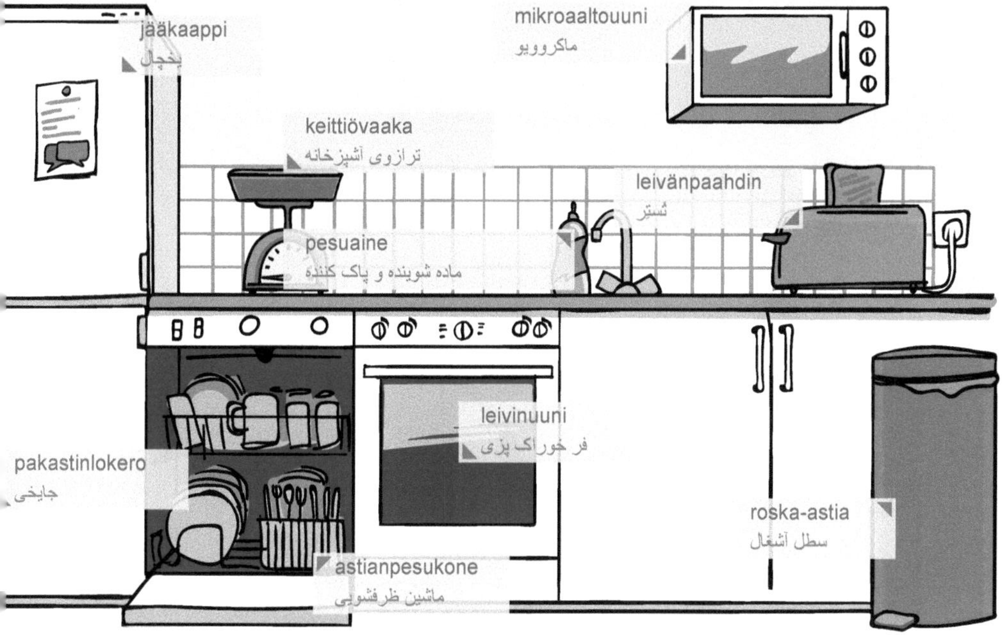

jääkaappi
یخچال
mikroaaltouuni
ماکروویو
keittiövaaka
ترازوی آشپزخانه
leivänpaahdin
تستر
pesuaine
ماده شوینده و پاک کننده
leivinuuni
فر خوراک پزی
pakastinlokero
جایخی
roska-astia
سطل آشغال
astianpesukone
ماشین ظرفشویی

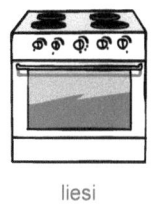

liesi
اجاق گاز

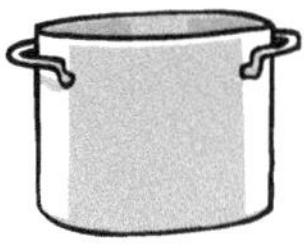

kattila
قابلمه

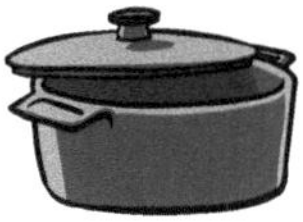

rautapata
قابلمه چدنی

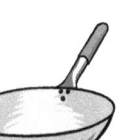

kkipannu / kadai-pannu
ماهی تابه گود

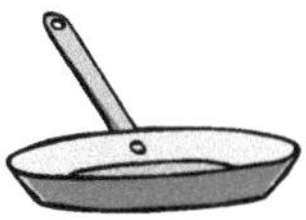

paistinpannu
ماهی تابه

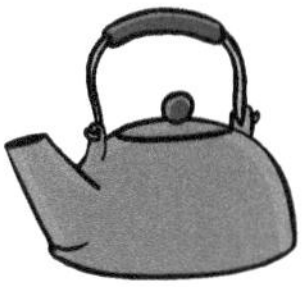

teepannu
کتری

höyrykeitin

بخارپز

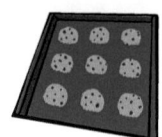

uunipelti

سینی فر

astiat

ظرف چینی آشپزخانه

muki

لیوان

kulho

کاسه

syömäpuikot

چاپستیک

kauha

ملاقه

paistinlasta

کفگیر

vispilä

همزن

siivilä

آبکش

siivilä

آبکش

raastin

رنده

mortteli

هاون

grilli

باربیکیو

avotuli

محل مخصوص افروختن آتش

leikkuulauta

تخته گوشت و سیزی

kaulin

وردنه

korkinavaaja

در بطری بازکن

purkki

قوطی

purkinavaaja

در قوطی بازکن

pannulappu

دستگیره پارچه ای

lavuaari

سینک ظرفشویی

tiskiharja

برس گردگیری

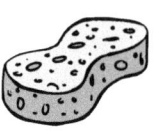

pesusieni

أسفنج

tehosekoitin

مخلوط کن

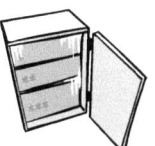

pakastin

فریزر

tuttipullo

شیشه شیر بچه

vesihana

شیر أب

kylpyhuone

حمام

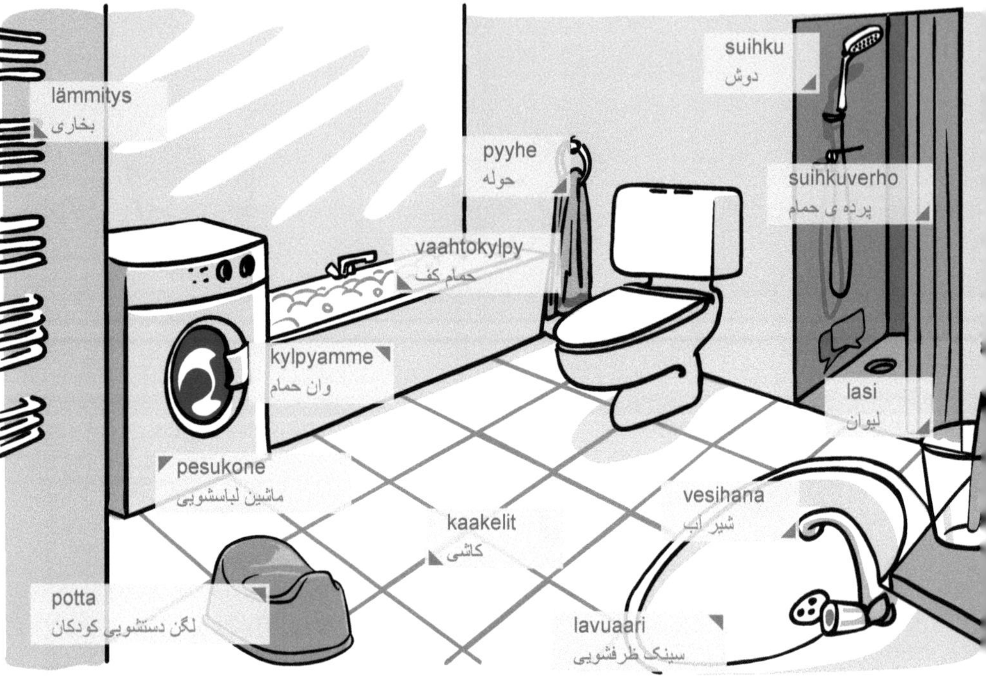
lämmitys
بخاری
suihku
دوش
pyyhe
حوله
suihkuverho
پرده ی حمام
vaahtokylpy
حمام کف
kylpyamme
وان حمام
lasi
لیوان
pesukone
ماشین لباسشویی
vesihana
شیر آب
kaakelit
کاشی
potta
لگن دستشویی کودکان
lavuaari
سینک ظرفشویی

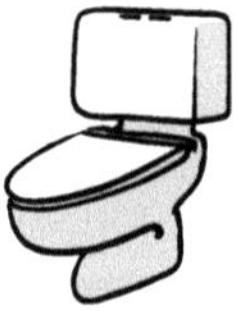

vessa

توالت

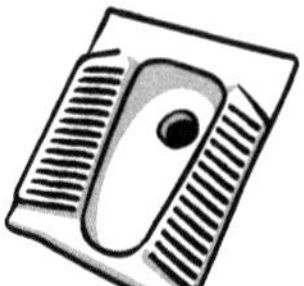

kyykkyvessa

توالت ایرانی

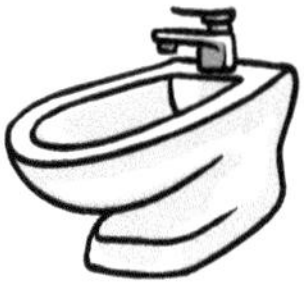

bidee

کاسه توالت

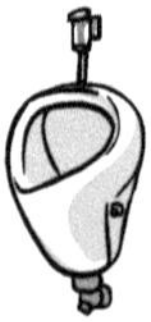

pisuaari

توالت مخصوص آقایان

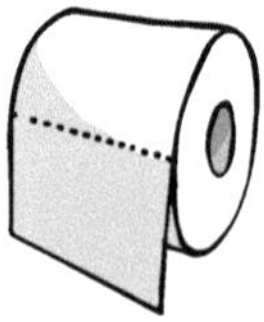

vessapaperi

دستمال توالت

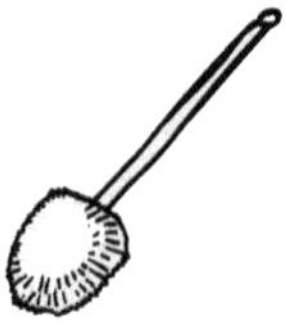

vessaharja

فرچه توالت

hammasharja

مسواک

hammastahna

خمیر دندان

hammaslanka

نخ دندان

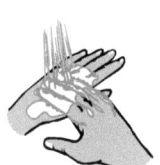

pestä

شستن

käsisuihku

دوش آب تلفنی

intiimisuihku

شلنگ توالت

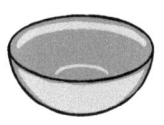

pesuvati

لگن روشویی

selkäharja

برس شست و شوی پشت

saippua

صابون

suihkugeeli

شامپو بدن

shampoo

شامپو

pesulappu

لیف حمام

viemäri

راه آب

voide

کرم

deodorantti

اسپری دئودورانت

peili

آیینه

käsipeili

آیینه ی کوچک دستی

partaveitsi

تیغ ریش تراشی

partavaahto

کف ریش تراشی

partavesi

افترشیو

kampa

شانه ی سر

harja

برس

hiustenkuivaaja

سشوار

hiuslakka

اسپری مو

meikki

آرایش

huulipuna

رژلب

kynsilakka

لاک ناخن

pumpuli

پنبه

kynsisakset

قیچی ناخن

hajuvesi

عطر

kosmetiikkalaukku

کیف لوازم آرایشی و بهداشتی

jakkara

چهارپایه

vaaka

ترازو

kylpytakki

حوله ی پالتویی

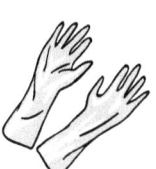

kumihansikkaat

دستکش ظرفشویی

tamponi

تامپون

terveysside

نوار بهداشتی

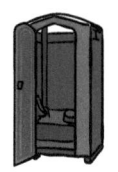

kemiallinen wc

توالت سیار

lastenhuone

اتاق بچه

herätyskello
ساعت زنگدار
pehmolelu
نوعی عروسک نرم به شکل حیوانات
leikkiauto
ماشین اسباب بازی
helistin
جغجغه
nukkekoti
خانه ی عروسکی
lahja
کادو

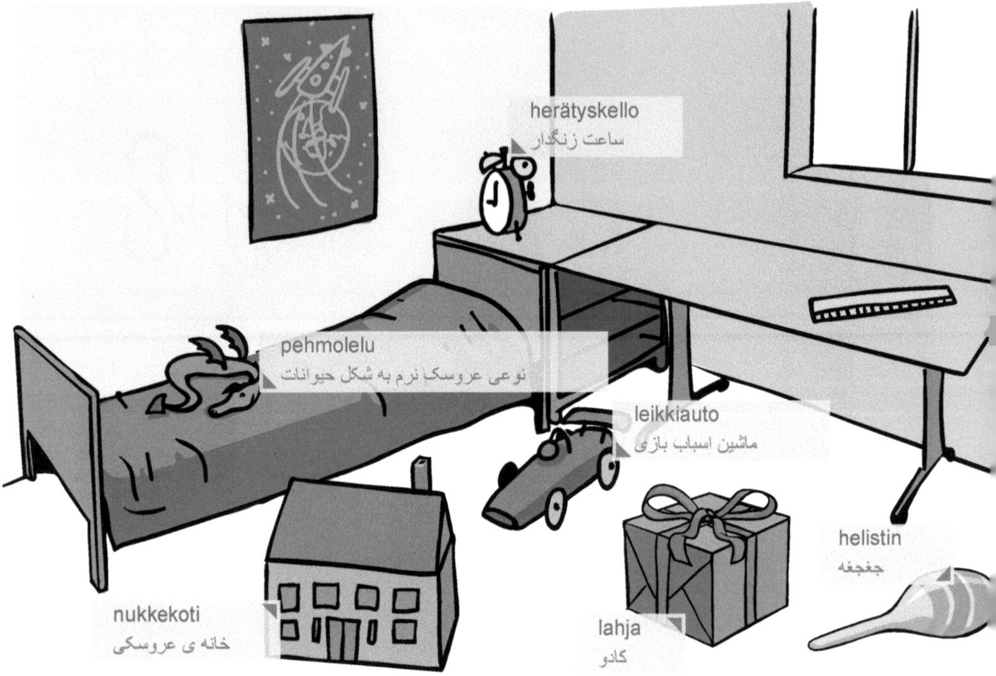

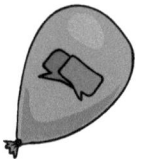

ilmapallo

بادکنک

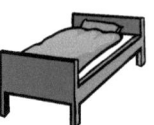

sänky

تخت خواب

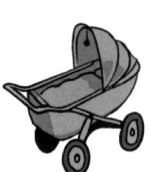

lastenvaunut

کالسکه بچه

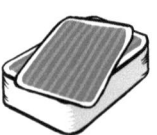

korttipeli

بازی ورق

palapeli

پازل

SUPER MEGA

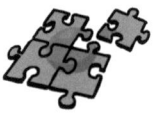

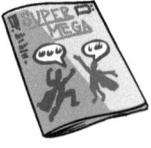

sarjakuva

داستان مصور

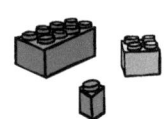

legopalikat

اسباب بازی لگو

rakennuspalikat

خانه سازی

supersankari

عروسک شخصیت های فیلم و کارتون

potkupuku

لباس نوزاد

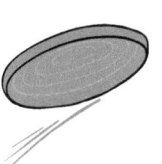

frisbee

فریزبی

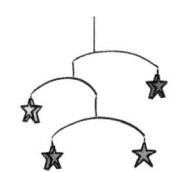

mobile

نوعی اسباب بازی که روی تخت نوزاد یا کودک نصب می شود

lautapeli

بازی روی صفحه

noppa

تاس

pienoisjunarata

قطار اسباب بازی

tutti

پستانک

juhlat

مهمانی

kuvakirja

کتاب مصور

pallo

توپ

nukke

عروسک

leikkiä

بازی کردن

hiekkalaatikko

جعبه شنی مخصوص بازی کودکان

keinu

تاب

lelut

اسباب بازی

pelikonsoli

کنسول بازی های کامپیوتری

kolmipyörä

سه چرخه

nalle

خرس عروسکی

vaatekaappi

کمد لباس

vaatteet

لباس

sukat

جوراب

nylonsukat

جوراب زنانه ساق بلند

sukkahousut

جوراب شلواری

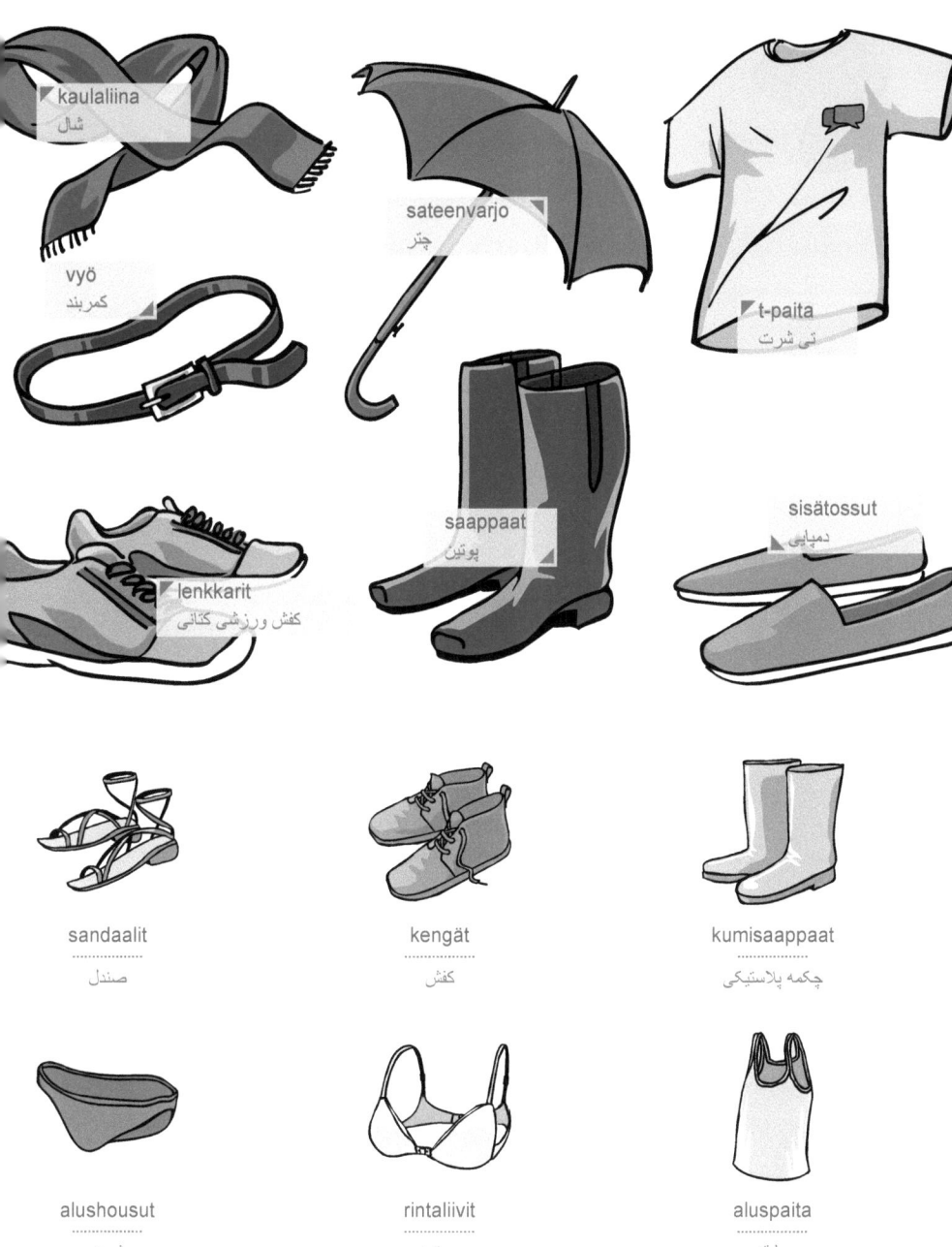

kaulaliina
شال

sateenvarjo
چتر

t-paita
تی شرت

vyö
کمربند

saappaat
بوتین

sisätossut
دمپایی

lenkkarit
کفش ورزشی کتانی

sandaalit
......
صندل

kengät
......
کفش

kumisaappaat
......
چکمه پلاستیکی

alushousut
......
شرت

rintaliivit
......
سوتین

aluspaita
......
جلیقه

body

بادی

housut

شلوار

farkut

جین

hame

دامن

pusero

بلوز

paita

پیراهن

villapaita

پولیور

collegepaita

سویی شرت

jakku

نوعی کت

takki

ژاکت

takki

کت بلند

sadetakki

بارانی

puku

لباس نمایش

mekko

لباس

hääpuku

لباس عروس

puku

کت و شلوار

yöpaita

لباس خواب زنانه

pyjama

پیژامه

shari

ساری

päähuivi

روسری

turbaani

عمامه

burka

برقع

kaftaani

قبا

abaya

عبا

uimapuku

لباس شنا

uimahousut

شرت شنا

shortsit

شلوارک

verkkarit

لباس ورزشی

esiliina

پیشبند

käsineet

دستکش

nappi

دکمه

silmälasit

عینک

rannekoru

دستبند

kaulakoru

گردنبند

sormus

انگشتر

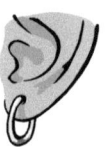

korvakoru

گوشواره

lippalakki

کلاه لبه دار

ripustin

چوب لباسی

hattu

کلاه

solmio

کراوات

vetoketju

زیپ

kypärä

کلاه ایمنی

henkselit

بند شلوار

koulupuku

لباس مدرسه

univormu

لباس فرم

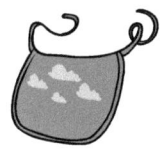

ruokalappu

پیش بند بچه

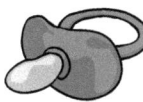

tutti

پستانک

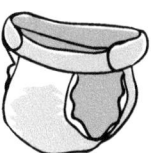

vaippa

پوشک بچه

toimisto

اداره

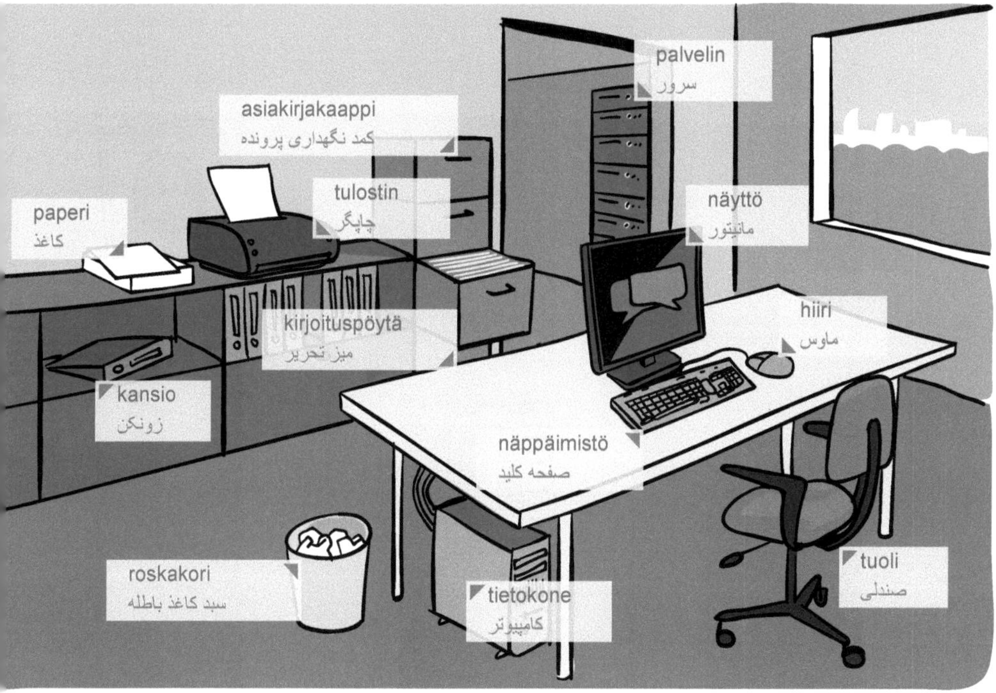

palvelin
سرور
asiakirjakaappi
کمد نگهداری پرونده
tulostin
چاپگر
paperi
کاغذ
näyttö
مانیتور
hiiri
ماوس
kirjoituspöytä
میز تحریر
kansio
زونکن
näppäimistö
صفحه کلید
roskakori
سبد کاغذ باطله
tietokone
کامپیوتر
tuoli
صندلی

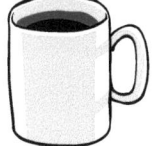

kahvimuki

لیوان قهوه

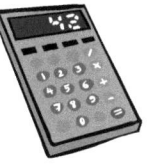

taskulaskin

ماشین حساب

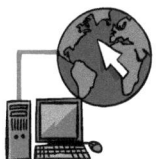

internet

اینترنت

kannettava tietokone

لپ تاپ

kirje

نامه

viesti

پیغام

kännykkä

تلفن همراه

verkko

شبکه ی ارتباطی

kopiokone

دستگاه فتوکپی

ohjelmisto

نرم افزار

puhelin

تلفن

pistorasia

پریز

faksi

دستگاه فاکس

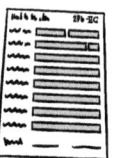

lomake

فرم

asiakirja

مدرک

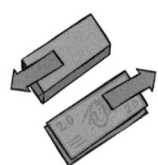

ostaa

خریدن

maksaa

پرداخت کردن

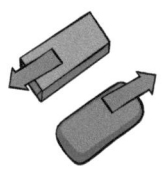

vaihtaa

تجارت کردن

raha

پول

dollari

دلار

euro

یورو

jeni

ین

rupla

روبل

frangi

فرانک سوئیس

renminbi juan

یوان رنمینبی

rupia

روپیه

pankkiautomaatti

دستگاه خودپرداز

rahanvaihto

صرافی

kulta

طلا

hopea

نقره

öljy

نفت

energia

انرژی

hinta

قیمت

sopimus

قرارداد

vero

مالیات

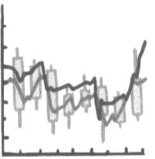

osake

سهام سرمایه

työskennellä

کار کردن

työntekijä

کارمند

työnantaja

کارفرما

tehdas

کارخانه

liike

مغازه

ammatit
مشاغل

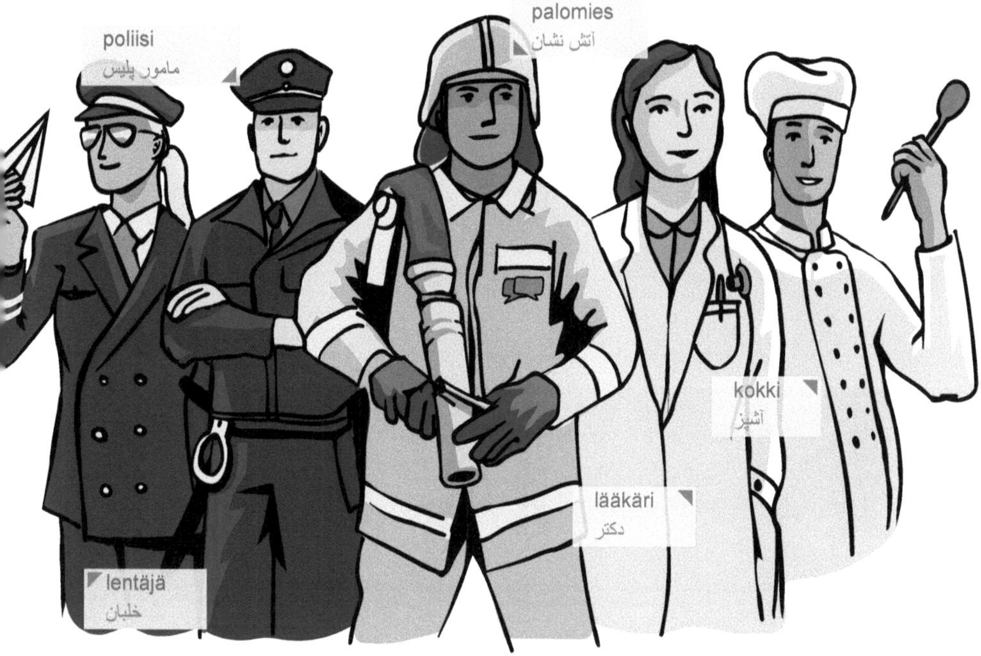

poliisi
مامور پلیس
palomies
آتش نشان
kokki
آشپز
lääkäri
دکتر
lentäjä
خلبان

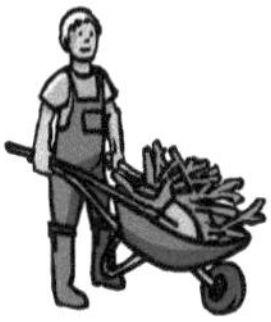

puutarhuri

باغبان

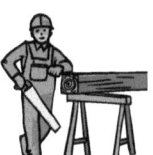

puuseppä

نجار

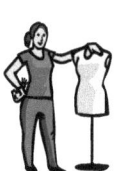

ompelija

خیاط زنانه

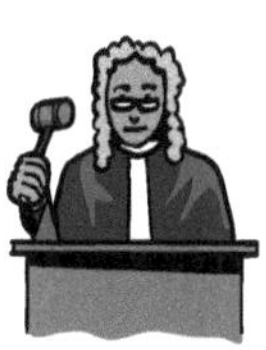

tuomari

قاضی

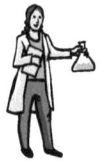

kemisti

شیمیدان

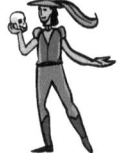

näyttelijä

بازیگر

linja-autonkuljettaja

راننده اتوبوس

taksinkuljettaja

راننده تاکسی

kalastaja

ماهیگیر

siivooja

نظافتچی زن

katontekijä

سقف ساز

tarjoilija

پیشخدمت رستوران

metsästäjä

شکارچی

maalari

نقاش

leipuri

نانوا

sähköasentaja

برقکار

rakentaja

کارگر ساختمانی

insinööri

مهندس

teurastaja

قصاب

putkiasentaja

لوله کش

postinjakaja

پستچی

sotilas

سرباز

arkkitehti

معمار

kassanhoitaja

صندوقدار

floristi

گل فروش

kampaaja

آرایشگر

konduktööri

مامور کنترل بلیط در قطار

mekaanikko

مکانیک

kapteeni

ناخدا

hammaslääkäri

دندانپزشک

tiedemies

دانشمند

rabbi

عالم یهودی

imaami

امام

munkki

راهب

pappi

کشیش

työkalut

ابزارآلات

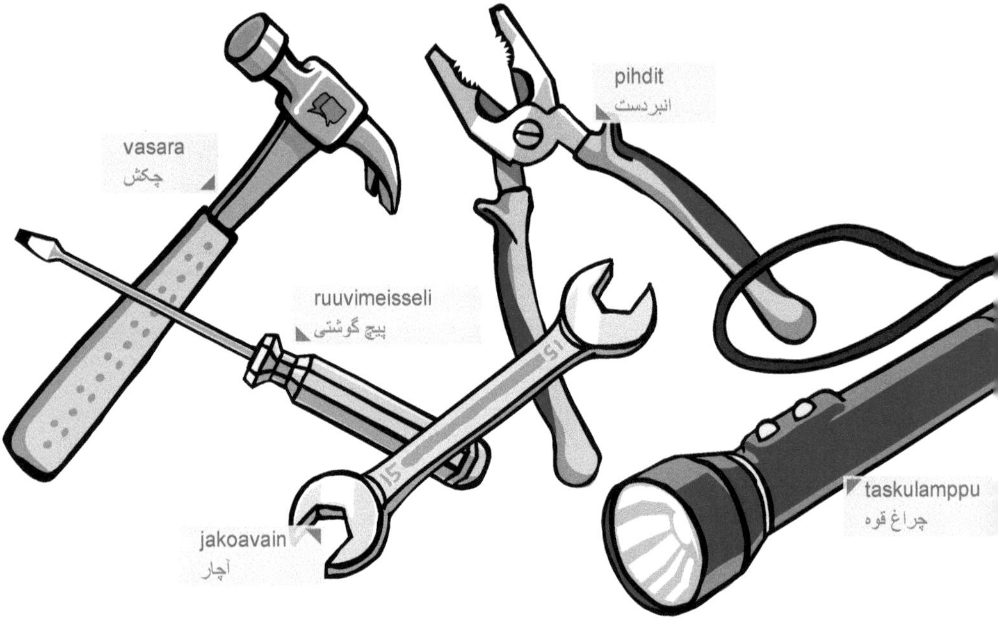
vasara
چکش
pihdit
انبردست
ruuvimeisseli
پیچ گوشتی
jakoavain
آچار
taskulamppu
چراغ قوه

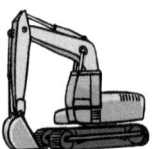

kaivinkone

بیل مکانیکی

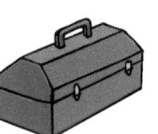

työkalupakki

جعبه ابزار

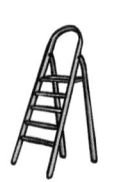

tikkaat

نردبان

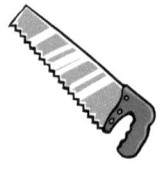

saha

ارّه

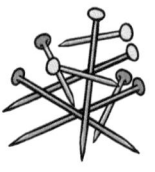

naulat

میخ

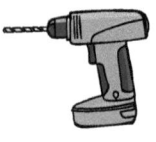

pora

مته

korjata

تعمیر کردن

rikkalapio

خاک انداز

lapio

بیل

maalipurkki

سطل رنگرزی

Hitto!

لعنتی!

ruuvit

پیچ

soittimet

آلات موسیقی

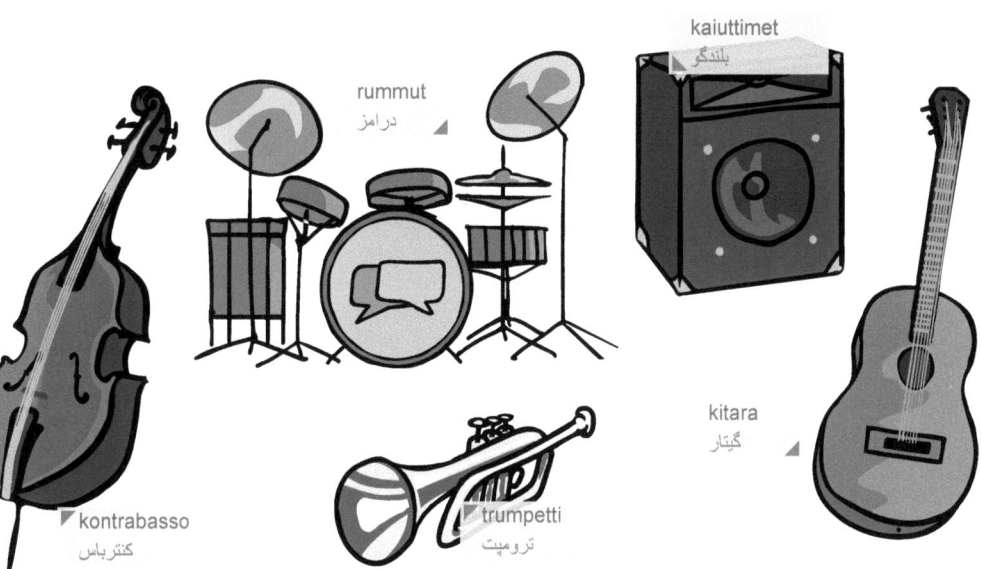

rummut
درامز

kaiuttimet
بلندگو

kitara
گیتار

kontrabasso
کنترباس

trumpetti
ترومپت

piano

پیانو

viulu

ویولن

basso

گیتار بیس

patarummut

تیمپانی

rumpu

طبل

kosketinsoitin

کیبورد الکتریک

saksofoni

ساکسیفون

huilu

فلوت

mikrofoni

میکروفون

tiikeri
ببر

sisäänkäynti
ورودی

häkki
قفس

seepra
گورخر

eläinten ruoka
خوراک حیوانات

panda
خرس پاندا

eläimet

حیوانات

norsu

فیل

kenguru

کانگورو

sarvikuono

کرگدن

gorilla

گوریل

karhu

خرس

kameli

شتر

strutsi

شترمرغ

leijona

شیر

apina

میمون

flamingo

فلامینگو

papukaija

طوطی

jääkarhu

خرس قطبی

pingviini

پنگوئن

hai

کوسه

riikinkukko

طاووس

käärme

مار

krokotiili

تمساح

eläintarhanhoitaja

نگهبان باغ وحش

hylje

خوک آبی

jaguaari

پلنگ امریکایی

poni

اسب کوچک

leopardi

پلنگ

virtahepo

اسب آبی

kirahvi

زرافه

kotka

عقاب

villisika

گراز

kala

ماهی

kilpikonna

لاک پشت

mursu

شیرماهی

kettu

روباه

gaselli

غزال

amerikkalainen jalkapallo
فوتبال آمریکایی

pyöräily
دوچرخه سواری

tennis
تنیس

koripallo
بسکتبال

uinti
شنا

jääkiekko
هاکی روی یخ

nyrkkeily
بوکس

jalkapallo
فوتبال

sulkapallo
بدمینتون

yleisurheilu
دوومیدانی

käsipallo
هندبال

hiihto
اسکی

poolo
پولو

nauraa
خندیدن

hypätä
پریدن

halata
بغل کردن

kävellä
راه رفتن

laulaa
آواز خواندن

unelmoida
رؤیا دیدن

rukoilla
دعا کردن

suudella
بوسیدن

kirjoittaa

نوشتن

piirtää

رسم کردن

näyttää

نشان دادن

painaa

هل دادن

antaa

دادن

ottaa

برداشتن

omistaa

داشتن

tehdä

انجام دادن

olla

بودن

seisoa

ایستادن

juosta

دویدن

vetää

کشیدن

heittää

پرتاب کردن

kaatua

افتادن

maata

دراز کشیدن

odottaa

منتظر بودن

kantaa

حمل کردن

istua

نشستن

pukeutua

لباس پوشیدن

nukkua

خوابیدن

herätä

بیدار شدن

katsoa

تماشا کردن

itkeä

گریه کردن

silittää

نوازش کردن

kammata

شانه کردن

puhua

حرف زدن

ymmärtää

فهمیدن

kysyä

پرسیدن

kuunnella

شنیدن

juoda

آشامیدن

syödä

خوردن

siivota

مرتب کردن

rakastaa

عاشق بودن

keittää

پختن

ajaa

رانندگی کردن

lentää

پرواز کردن

purjehtia

قایقرانی کردن

laskea

محاسبه کردن

lukea

خواندن

oppia

یاد گرفتن

työskennellä

کار کردن

mennä naimisiin

ازدواج کردن

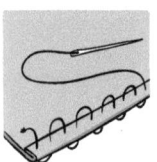

ommella

دوختن

pestä hampaat

مسواک زدن

tappaa

کشتن

tupakoida

سیگار کشیدن

lähettää

فرستادن

perhe

خانواده

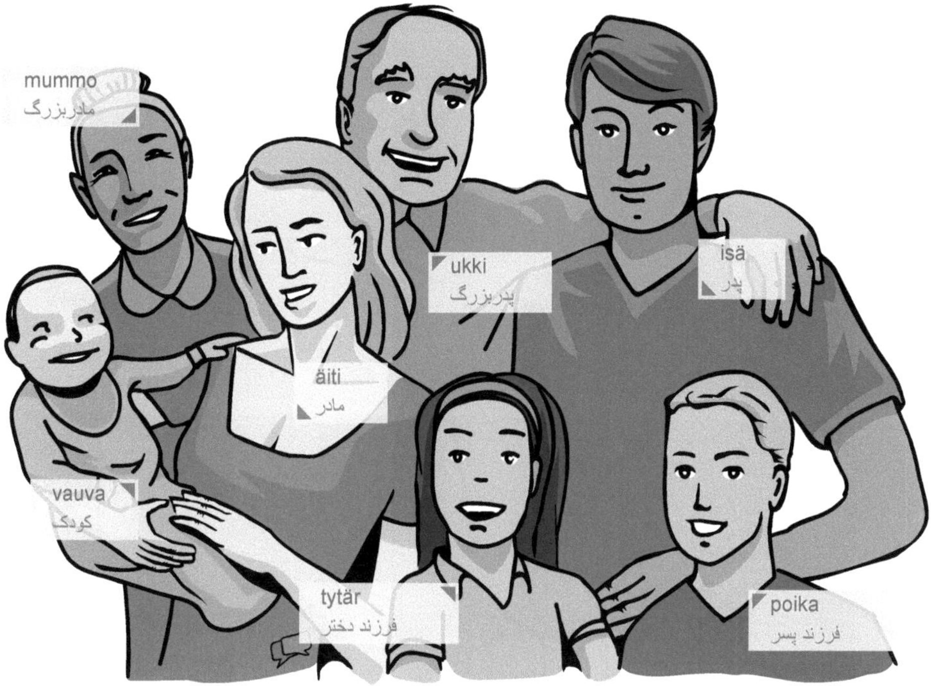
mummo
مادربزرگ
ukki
پدربزرگ
isä
پدر
äiti
مادر
vauva
کودک
tytär
فرزند دختر
poika
فرزند پسر

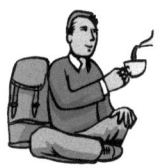

vieras

مهمان

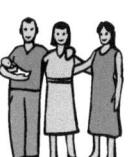

täti

خاله، عمه

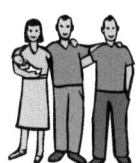

setä

دایی، عمو

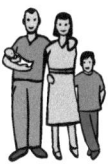

veli

برادر

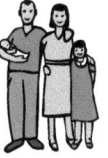

sisko

خواهر

vartalo

بدن

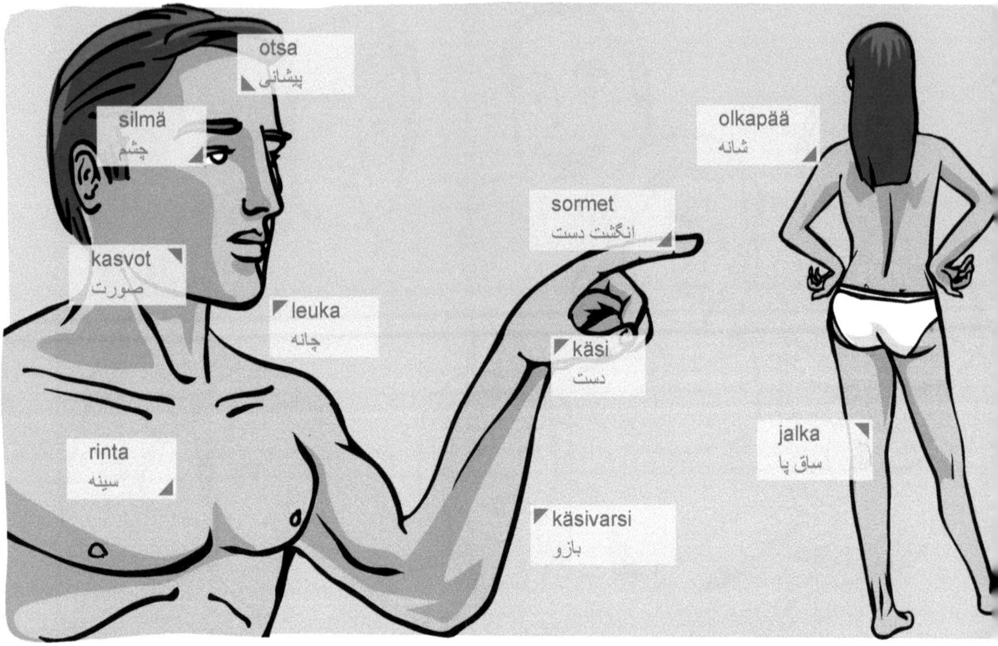

otsa
پیشانی
silmä
چشم
olkapää
شانه
sormet
انگشت دست
kasvot
صورت
leuka
چانه
käsi
دست
rinta
سینه
jalka
ساق پا
käsivarsi
بازو

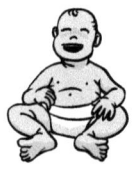

vauva

کودک

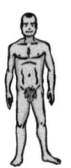

mies

مرد

nainen

زن

tyttö

دختربچه

poika

پسربچه

pää

کله

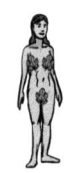

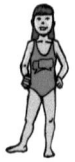

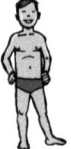

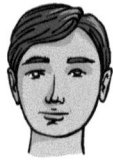

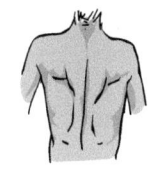

selkä

کمر

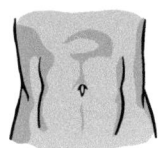

maha

شکم

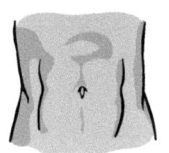

napa

ناف

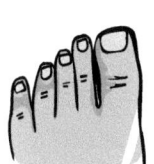

varvas

انگشت پا

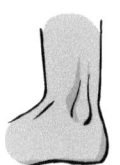

kantapää

پاشنه

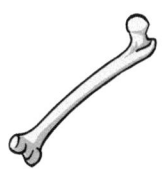

luu

استخوان

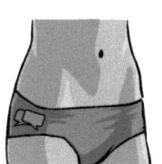

lantio

لگن

polvi

زانو

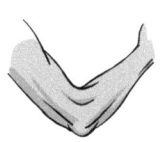

kyynärpää

آرنج

nenä

بینی

takapuoli

نشیمنگاه

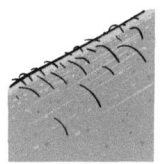

iho

پوست

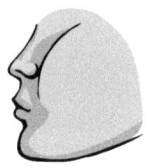

poski

گونه

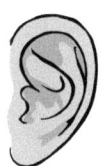

korva

گوش

huuli

لب

suu

دهان

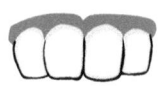

hammas

دندان

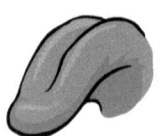

kieli

زبان

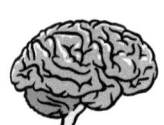

aivot

مغز

sydän

قلب

lihas

عضله

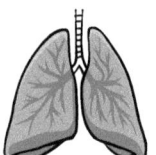

keuhkot

ریه

maksa

کبد

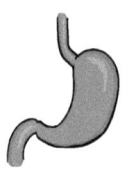

vatsa

معده

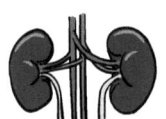

munuaiset

کلیه

seksi

آمیزش جنسی

kondomi

کاندوم

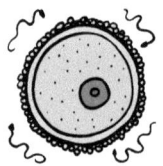

munasolu

تخمک

sperma

اسپرم

raskaus

حاملگی

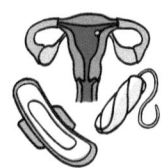

kuukautiset

پریود

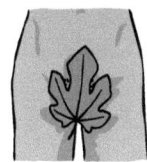

vagina

واژن

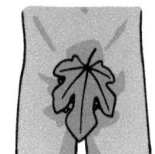

penis

آلت تناسلی مرد

kulmakarvat

ابرو

hiukset

مو

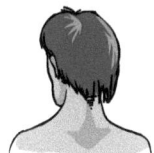

niska

گردن

sairaala
بیمارستان

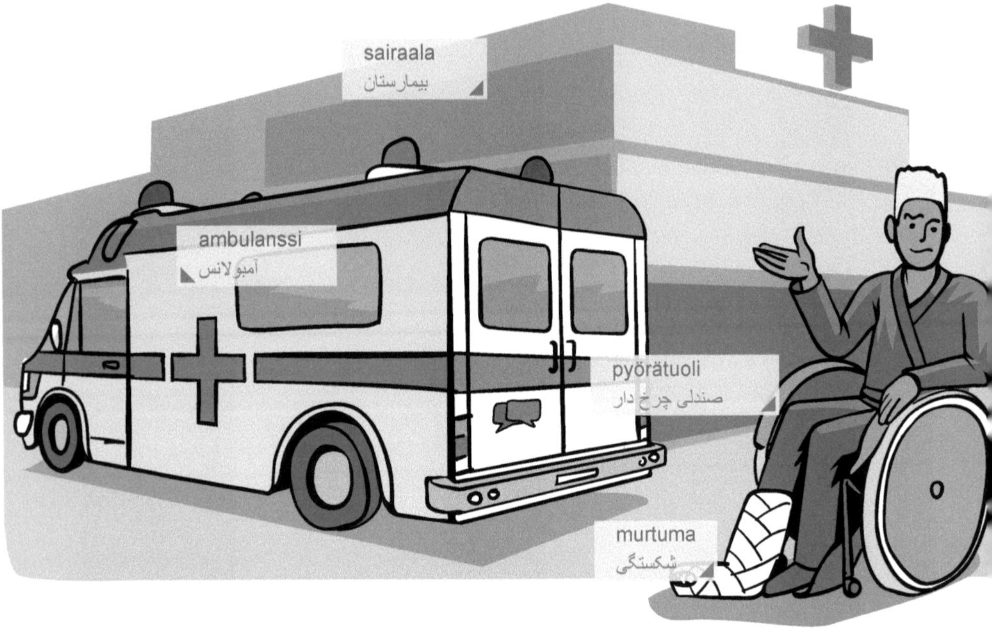

sairaala
بیمارستان
ambulanssi
آمبولانس
pyörätuoli
صندلی چرخ دار
murtuma
شکستگی

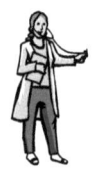

lääkäri

دکتر

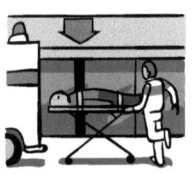

ensiapu

بخش اورژانس

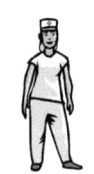

sairaanhoitaja

پرستار

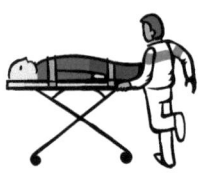

hätätilanne

موقعیت اضطراری

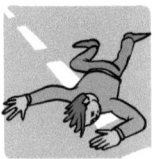

tajuton

بی هوش

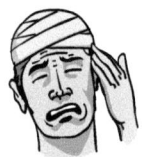

kipu

درد

vamma

مصدومیت

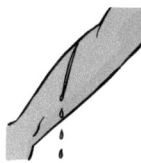

verenvuoto

خونریزی

sydänkohtaus

سکته قلبی

aivoinfarkti

سکته مغزی

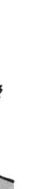

allergia

الرژی

yskä

سرفه

kuume

تب

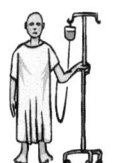

flunssa

آنفولانزا

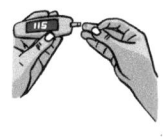

ripuli

اسهال

päänsärky

سردرد

syöpä

سرطان

diabetes

دیابت

kirurgi

جراح

veitsi

چاقوی جراحی

leikkaus

عمل جراحی

ct

سی تی اسکن

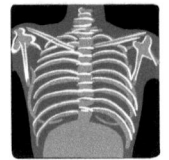

röntgen

پرتونگاری

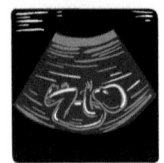

ultraääni

سونوگرافی

maski

ماسک صورت

sairaus

بیماری

odotushuone

اتاق انتظار

sauva

چوب زیر بغل

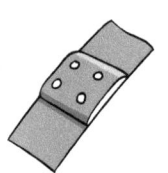

laastari

چسب زخم

side

پانسمان

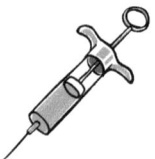

pistos

تزریق

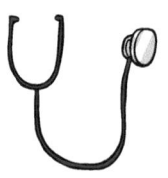

stetoskooppi

گوشی طبی

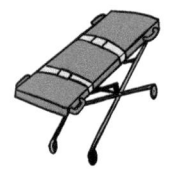

paarit

برانکار

kuumemittari

دماسنج

syntymä

زایش

ylipaino

اضافه وزن

kuulolaite

سمعک

desinfiointiaine

ماده ضد غفونی کننده

infektio

عفونت

virus

ویروس

HIV / AIDS

اچ أی وی / ایدز

lääke

دارو

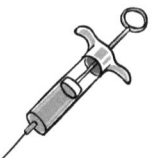

rokotus

واکسیناسیون

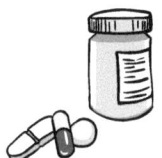

tabletit

قرص

pilleri

قرص ضد حاملگی

hätäpuhelu

تماس اظطراری

verenpainemittari

دستگاه اندازه گیری فشارخون

sairas / terve

مریض / سالم

Apua!

کمک!

hälytys

آژیر خطر

ryöstö

حمله

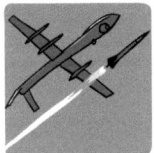

hyökkäys

حمله ی فیزیکی

vaara

خطر

hätäuloskäynti

خروج اظطراری

Tulipalo!

آتش

palosammutin

کپسول آتش‌نشانی

onnettomuus

تصادف

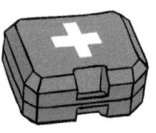

ensiapulaukku

جعبه کمک های اولیه

SOS

درخواست کمک

poliisilaitos

پلیس

Eurooppa

اروپا

Pohjois-Amerikka

آمریکای شمالی

Etelä-Amerikka

آمریکای جنوبی

Afrikka

أفریقا

Aasia

آسیا

Australia

استرالیا

Atlantin valtameri

اقیا نوس اطلس

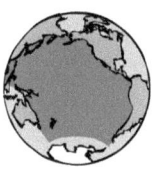

Tyynimeri

اقیانوس آرام

Intian valtameri

اقیانوس هند

Eteläinen jäämeri

اقیا نوس اطلس جنوبی

Pohjoinen jäämeri

اقیانوس منجمد شمالی

pohjoisnapa

قطب شمال

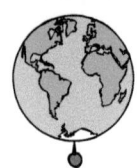

etelänapa

قطب جنوب

Antarktis

قاره قطب جنوب

maa

کره زمین

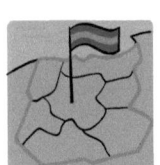

maa

سرزمین

meri

دریا

saari

جزیره

kansa

ملت

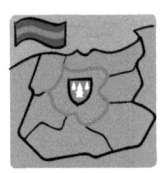

osavaltio

کشور

kellotaulu

صفحه ی ساعت

tuntiviisari

ساعت شمار

minuuttiviisari

دقیقه شمار

sekuntiviisari

ثانیه شمار

Paljonko kello on?

ساعت چند است؟

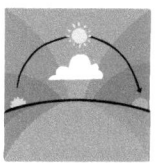

päivä

روز

aika

زمان

nyt

اکنون

digitaalikello

ساعت دیجیتال

minuutti

دقیقه

tunti

ساعت

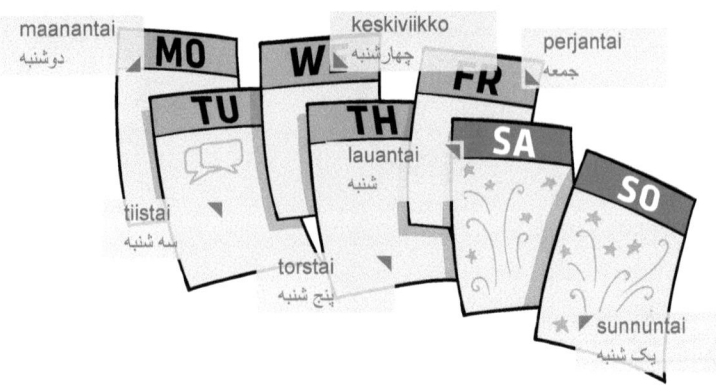

maanantai
دوشنبه

keskiviikko
چهارشنبه

perjantai
جمعه

tiistai
سه شنبه

lauantai
شنبه

torstai
پنج شنبه

sunnuntai
یک شنبه

eilen

دیروز

tänään

امروز

huomenna

فردا

aamu

صبح

keskipäivä

ظهر

ilta

غروب

MO	TU	WE	TH	FR	SA	SU
1	2	3	4	5	6	7
8	9	10	11	12	13	14
15	16	17	18	19	20	21
22	23	24	25	26	27	28
29	30	31	1	2	3	4

työpäivät

روزهای کاری

MO	TU	WE	TH	FR	SA	SU
1	2	3	4	5	6	7
8	9	10	11	12	13	14
15	16	17	18	19	20	21
22	23	24	25	26	27	28
29	30	31	1	2	3	4

viikonloppu

آخر هفته

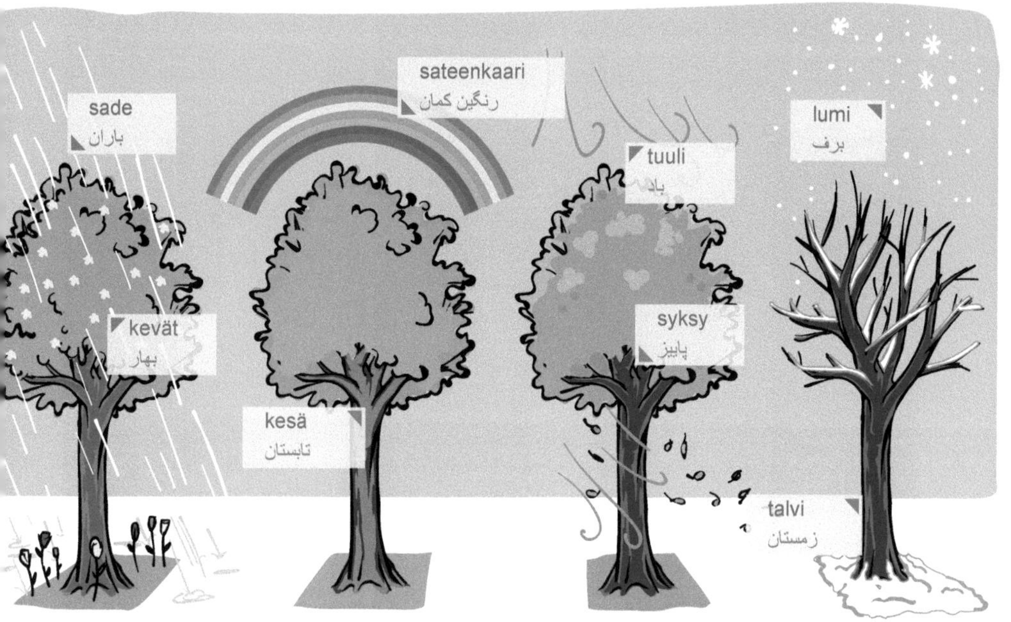

sade
باران

sateenkaari
رنگین کمان

lumi
برف

tuuli
باد

kevät
بهار

syksy
پاییز

kesä
تابستان

talvi
زمستان

4.APRIL	11°
5.APRIL	4°
6.APRIL	13°
7.APRIL	8°
8.APRIL	10°

sääennuste
پیش‌بینی اوضاع جوی

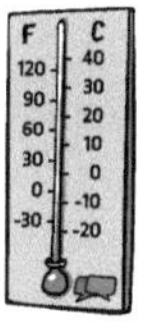

lämpömittari
دماسنج

auringonpaiste
تابش آفتاب

pilvi
ابر

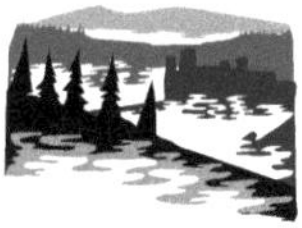

sumu
مه

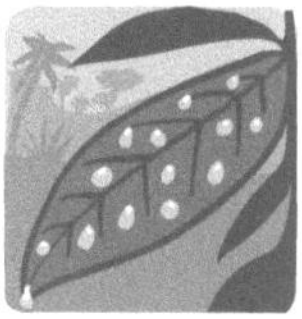

ilmankosteus
رطوبت هوا

salama

صاعقه

ukkonen

أسمان غره

myrsky

طوفان

rae

تگرگ

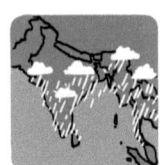

monsuuni

باد موسمی

tulva

سیل

jää

یخ

tammikuu

ژانویه

helmikuu

فوریه

maaliskuu

مارس

huhtikuu

آوریل

toukokuu

مه

kesäkuu

ژوئن

heinäkuu

ژوئیه

elokuu

آگوست

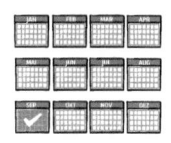

syyskuu
....
سپتامبر

lokakuu
....
اكتبر

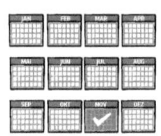

marraskuu
....
نوامبر

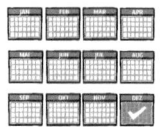

joulukuu
....
دسامبر

muodot

أشكال

ympyrä
....
دايره

neliö
....
مربع

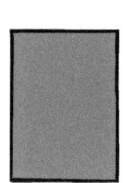

suorakulmio
....
مستطيل

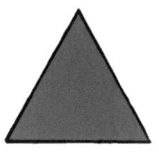

kolmio
....
سه گوش

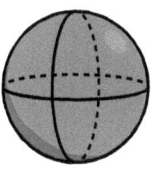

pallo
....
گرد

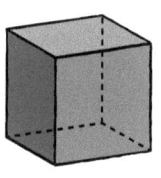

kuutio
....
مكعب مربع

رنگ ها

valkoinen

سفید

keltainen

زرد

oranssi

نارنجی

vaaleanpunainen

صورتی

punainen

قرمز

violetti

بنفش

sininen

آبی

vihreä

سبز

ruskea

قهوه ای

harmaa

خاکستری

musta

سیاه

paljon / vähän

خیلی / کم

vihainen / ystävällinen

خشمگین / آرام

kaunis / ruma

زیبا / زشت

alku / loppu

شروع / پایان

suuri / pieni

بزرگ / کوچک

vaalea / tumma

روشن / تیره

veli / sisko

برادر / خواهر

puhdas / likainen

تمیز / آلوده

täydellinen / epätäydellinen

کامل / ناقص

päivä / yö

روز / شب

kuollut / elävä

مرده / زنده

leveä / kapea

پهن / باریک

syötävä / syömäkelvoton

قابل خوردن / غیر قابل خوردن

paha / kiltti

غضبناک / مهربان

innostunut / tylsistynyt

هیجان زده / بی حوصله

lihava / laiha

چاق / لاغر

ensimmäinen / viimeinen

اولین / آخرین

ystävä / vihollinen

دوست / دشمن

täysi / tyhjä

پر / خالی

kova / pehmeä

سفت / نرم

painava / kevyt

سنگین / سبک

nälkä / jano

گرسنگی / تشنگی

sairas / terve

مریض / سالم

laiton / laillinen

غیرقانونی / قانونی

älykäs / tyhmä

باهوش / خنگ

vasen / oikea

چپ / راست

lähellä / kaukana

نزدیک / دور

uusi / käytetty

نو / استفاده شده

ei mitään / jotain

هیچ چیز / چیزی

vanha / nuori

پیر / جوان

päällä / pois päältä

روشن / خاموش

auki / kiinni

باز / بسته

hiljainen / äänekäs

آهسته / بلند

rikas / köyhä

ثروتمند / فقیر

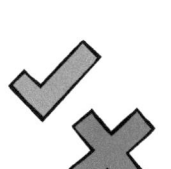

oikein / väärin

درست / غلط

karhea / sileä

زبر / صاف

surullinen / iloinen

غمگین / خوشحال

lyhyt / pitkä

کوتاه / بلند

hidas / nopea

کند / تند

märkä / kuiva

تَر / خشک

lämmin / viileä

گرم / خنک

sota / rauha

جنگ / صلح

0	**1**	**2**
nolla	yksi	kaksi
صفر	یک	دو

3	**4**	**5**
kolme	neljä	viisi
سه	چهار	پنج

6	**7**	**8**
kuusi	seitsemän	kahdeksan
شش	هفت	هشت

9	**10**	**11**
yhdeksän	kymmenen	yksitoista
نه	ده	یازده

12

kaksitoista

دوازده

13

kolmetoista

سیزده

14

neljätoista

چهارده

15

viisitoista

پانزده

16

kuusitoista

شانزده

17

seitsemäntoista

هفده

18

kahdeksantoista

هجده

19

yhdeksäntoista

نوزده

20

kaksikymmentä

بیست

100

sata

صد

1.000

tuhat

هزار

1.000.000

miljoona

میلیون

englanti

انگلیسی

amerikanenglanti

انگلیسی آمریکایی

mandariinikiina

چینی ماندارین

hindi

هندی

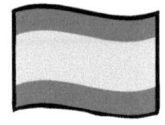

espanja

اسپانیایی

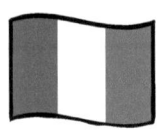

ranska

فرانسوی

arabia

عربی

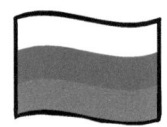

venäjä

روسی

portugali

پرتغالی

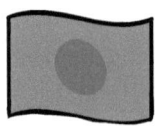

bengali

بنگالی

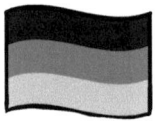

saksa

المانی

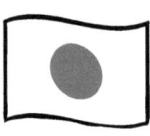

japani

ژاپنی

minä

من

sinä

تو

hän

او

me

ما

te

شما

he

آنها

kuka?

چه کسی؟ کی؟

mitä / mikä?

چی؟

miten?

چگونه؟

missä?

کجا؟

milloin?

کی؟

nimi

نام

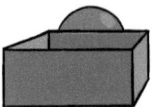

takana

پشت

sisällä

توی

edessä

جلو

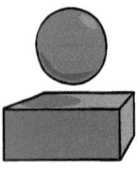

yläpuolella

بالای

päällä

روی

alapuolella

زیر

vieressä

مجاور

välissä

بین

paikka

مکان